Con mucho orgullo dedico este folleto a las compañeras y a los compañeros que están en las prisiones norteamericanas debido a su lucha por la independencia de Puerto Rico: seis mujeres y diez hombres patriotas.

Al mismo tiempo lo dedico humildemente a todos aquellos, no importa su nacionalidad, que están o que hayan estado en prisiones por defender el bien social de su gente.

RAFAEL CANCEL MIRANDA

D1739015

AP/WIDE WORLD PHOTOS

EL GALLO

Arriba, los nacionalistas Irving Flores, Rafael Cancel Miranda, Lolita Lebrón y Andrés Figueroa Cordero (izq. a der.) tras su arresto el 1 de marzo de 1954 por su protesta armada en el Congreso norteamericano. Abajo, Rodolfo "Corky" Gonzales, líder pro derechos de chicanos, habla en mitin en Denver contra guerra de Vietnam, 1971. En la prisión, Cancel Miranda se involucró en la lucha chicana y otras actividades políticas.

Introducción

Rafael Cancel Miranda es un dirigente de la lucha por la independencia de Puerto Rico. Fue uno de cinco nacionalistas que pasaron más de un cuarto de siglo en prisiones norteamericanas por sus acciones independentistas. En 1954, Cancel Miranda, junto a Andrés Figueroa Cordero, Irving Flores y Lolita Lebrón, realizaron una protesta armada en el Congreso estadounidense en Washington para llamar la atención mundial a la condición colonial de Puerto Rico. Los cuatro recibieron condenas de entre 56 y 81 años de cárcel.

Cuatro años antes, Oscar Collazo y Griselio Torresola efectuaron un asalto armado a la Casa Blair, residencia temporal del presidente Harry Truman. Torresola fue muerto en el ataque. Collazo fue condenado a muerte, pero la sentencia fue conmutada a cadena perpetua luego de gestiones internacionales a su favor.

Estos cinco nacionalistas puertorriqueños llegaron a ser los presos políticos más antiguos del continente americano.

A principios de los años setenta comenzó a desarrollarse una amplia campaña internacional por la libertad de los cinco prisioneros independentistas. Esta campaña formó parte del resurgimiento de la lucha independentista puertorriqueña, que a la vez se entrelazó con el explosivo auge de oposición a la guerra de los gobernantes norteamericanos contra el pueblo de Vietnam y con las crecientes luchas por la liberación de los negros y chicanos y por la igualdad de derechos de la mujer. Bajo una creciente presión mundial, el gobierno de Estados Unidos finalmente excarceló a los presos políticos nacionalistas. El presidente James Carter excarceló a Figueroa Cordero en 1978, cuando éste ya estaba muriendo de cáncer. Los otros cuatro fueron excarcelados en 1979. En su viaje de regreso a Puerto Rico fueron recibidos por multitudes entusiastas de 2 500 personas en Chicago, 3 mil en Nueva York y 7 mil en el aeropuerto de San Juan.

Desde entonces Cancel Miranda ha continuado luchando y hablando en público alrededor del mundo por la independencia de su país y por la libertad de los boricuas que actualmente están encarcelados en Estados Unidos por sus actividades independentistas. La campaña por la excarcelación de estos quince patriotas puertorriqueños, actualmente entre los presos políticos más antiguos del mundo, ha logrado apoyo internacional.

Cancel Miranda fue uno de los principales oradores en el acto independentista del 25 de julio de 1998 en Guánica. En esa fecha hace cien años, fuerzas militares norteamericanas invadieron la isla en esa localidad. Desde entonces Puerto Rico ha permanecido bajo la bota colonial de Washington.

En el último año Cancel Miranda ha sido invitado a hablar en recintos universitarios por grupos estudiantiles en decenas de ciudades, tanto en Puerto Rico como en Estados Unidos. Ha hablado en diversos encuentros para conmemorar los cien años de lucha contra el imperialismo norteamericano en Puerto Rico y Cuba, compartiendo la tribuna con defensores de la revolución cubana.

Este folleto comprende dos entrevistas. La primera fue concedida el 1 de julio de 1998 en Cabo Rojo, Puerto Rico, a Verónica Poses y Martín Koppel. Poses es miembro del Comité Ejecutivo Nacional de la Juventud Socialista; Koppel es director de la revista socialista *Perspectiva Mundial*. La entrevista se hizo durante la huelga de 41 días por parte de 6 400 trabajadores telefónicos contra la venta de la compañía estatal telefónica de Puerto Rico, que la administración del gobernador Pedro Rosselló está vendiendo a un consorcio encabezado por la empresa norteamericana GTE.

La segunda entrevista fue concedida el 27 de abril de 1998 en Cabo Rojo a Rollande Girard y Jacob Perasso, y fue preparada para su publicación por Martín Koppel. Girard trabaja como limpiadora de aviones en Miami y es miembro del sindicato mecanometalúrgico IAM. Perasso es miembro de la Juventud Socialista en Santa Cruz, California, donde estudia en la Universidad de California.

Las entrevistas aparecieron originalmente en las ediciones de julio y de septiembre de 1998 de *Perspectiva Mundial*.

Martín Koppel
Septiembre de 1998

Arriba, Cancel Miranda y otros nacionalistas regresan a San Juan tras su excarcelación en septiembre de 1979. Unas 7 mil personas fueron a recibirlos al aeropuerto. Abajo, marcha en Washington el 25 de julio de 1998 conmemora centenario de invasión yanqui a Puerto Rico reivindicando independencia y libertad de 15 presos politicos boricuas. Los manifestantes portaban carteles con los nombres de los prisioneros.

Puerto Rico: la independencia es una necesidad

ENTREVISTA A RAFAEL CANCEL MIRANDA

VERÓNICA POSES: En los últimos días hemos visitado las líneas de piquetes de los trabajadores telefónicos en San Juan. Vimos que esta huelga ha atraído el apoyo de muchos otros trabajadores en Puerto Rico que la consideran su propia lucha. Una de las cosas que nos llamó la atención es la presencia de tantas banderas puertorriqueñas. Parece que la bandera se ha convertido en el símbolo de la huelga, y que esta huelga muestra no sólo la creciente resistencia de la clase trabajadora sino un resurgimiento del sentimiento nacionalista aquí. ¿Podrías hablarnos sobre lo que representa esta lucha?

RAFAEL CANCEL MIRANDA: Esta huelga, como los trabajadores mismos lo dicen, ya no es una huelga de los telefónicos, es una huelga del pueblo. Es una lucha para que no se venda nuestra patria. Se está vendiendo el patrimonio nacional de nuestro pueblo.

Lo que está sucediendo en la Telefónica está sucediendo en los hospitales. El gobierno está privatizando los hospitales, lo que va a crear más desempleados. Se está privatizando hasta las cárceles. Si esto continúa, van a seguir con la venta de la Autoridad de Energía Eléctrica. El pueblo está defendiendo su propia sobrevivencia como pueblo. Y lo que representa a nuestro pueblo no es la bandera norteamericana. No es la bandera del invasor. No es la bandera de Rockefeller. Es la bandera puertorriqueña. Entonces los huelguistas la han cogido como su símbolo. Hasta niños están llevándola en las líneas de piquetes, todo el mundo. Cuando la gente se va librando de las confusiones ideológicas y politiqueras, de todas las musarañas que nos han metido en la cabeza para deformarnos, se encuentra a sí misma.

POSES: Al mismo tiempo, la mayoría de los trabajadores no necesariamente apoya la lucha por la independencia de Puerto Rico. ¿Cómo explicarías esto?

CANCEL MIRANDA: Primero, en Puerto Rico no se puede medir lo que quiere el trabajador o no de acuerdo a los resultados de las elecciones coloniales. Porque aquí la gente no vota ideológicamente. Vota para resolver los problemas inmediatos.

Aquí el único que vota ideológicamente es el independentista.

Hay miles de personas que votan PNP que no están votando por la estadidad, sino que creen que un político le puede resolver un problema. Si gana el PNP, los adeptos al PNP siempre cogen miles de trabajos en el gobierno. Si ganan los Populares, lo mismo.[1]

Pero el que vota PNP o PPD no necesariamente está en contra de la independencia, ni por la estadidad ni

---

1. En Puerto Rico hay dos partidos colonialistas. El Partido Nuevo Progresista (PNP), al cual pertenece el gobernador Pedro Rosselló, aboga por la estadidad, o sea, que Puerto Rico se convierta en el estado número 51 de Estados Unidos. El Partido Popular Democrático (PPD, o Populares) defiende el actual "Estado Libre Asociado".

por el estadolibrismo.

Aquí hay un decir, que si tú rascas a un puertorriqueño, le vas a encontrar un nacionalista adentro. Vas a encontrarle una defensa de la bandera, de lo que significa puertorriqueñismo.

Ahora, aquí hay un grupito pequeño, y no son los trabajadores, que sí están en contra de la independencia. Es la burguesía que se beneficia directamente del coloniaje. Tú los ves con sus grandes casas y mansiones. Es una semiburguesía, porque aquí no hay burguesía propia. Es una burguesía marioneta, intermediaria.

"Los Estados Unidos usan a nuestros jóvenes como carne de cañón para sus guerras".

Pero el trabajador no está amarrado a los intereses coloniales aquellos porque no vive aquella vida. Vive de su trabajo, de sus conocimientos y adiestramiento.

El imperialismo norteamericano controla sociopolíticamente y económicamente a nuestra patria. Somos un país militarmente ocupado: estamos saturados de bases militares norteamericanas. Ahora nos quieren meter el Comando Sur norteamericano aquí que trasladaron desde Panamá.

Ellos controlan los medios masivos de comunicación. Ellos controlan nuestras escuelas. Nos van adoctrinando desde niños. Te dicen a quién odiar y a quién no odiar. Te pueden adoctrinar hasta a odiarte a ti mismo.

A mí la primera vez que me echaron de un salón de clase, a los seis años de edad, en 1937, era porque yo no quería jurarle a la bandera norteamericana. Rehusé. Desde niño te van imponiendo lealtades al invasor de tu patria. Es un milagro que todavía tú ves a miles de puertorriqueños izando la bandera puertorriqueña. Eso es un milagro ideológico —si eso es posible— dentro de la situación que vivimos de 100 años de coloniaje bajo el imperialismo norteamericano. A mí no me extrañaría que los vieras con la bandera yanqui, si desde niño te dicen que Superman y Wonder Woman y Rambo y John Wayne son tus héroes. Lo que debería extrañar y lo grande de nosotros es que todavía caminemos de pie. Hasta el más radical de nosotros tiene algo de colonizado; no lo puedes evitar. A mí me salvaron los 28 años de cárcel; yo tengo 28 años menos de colonizado.

MARTÍN KOPPEL: ¿Cómo se puede ganar a la mayoría a la perspectiva de la independencia?

CANCEL MIRANDA: Hay que llegarle al máximo de nuestro pueblo con la verdad y la necesidad de la independencia. La independencia no es simplemente un ideal bonito. Es una necesidad.

Hay que llegar a las nuevas generaciones, que continúen la lucha hasta que llegue ese momento en que se aglutinen diferentes fuerzas en el mundo que refuercen nuestra lucha. Somos parte del mundo, y lo que sucede en el mundo entero afecta nuestro país.

Los Estados Unidos usan a nuestros jóvenes como carne de cañón para sus guerras. En la guerra de Vietnam, en relación a la población, Puerto Rico tuvo un número desproporcionado de bajas comparado con los Estados Unidos. También en la guerra de Corea.

Nos mandaron a matar dominicanos en Santo Domingo en 1965. Cuando la invasión a Panamá en 1989, nos mandaron a matar panameños, que son nuestros hermanos.

Antes de la Guerra del Golfo, aquí nadie sabía quién era Saddam Hussein. Pero en una semana ellos pusieron al pueblo puertorriqueño a odiar a Saddam Hussein, a través de su control de los medios de comunicación, y entonces todo el mundo estaba diciendo que Saddam era el diablo.

Yo pregunté por la radio el otro día, "¿Qué hace un puertorriqueño en Bosnia?" Si Rockefeller quiere mandar a sus hijos a pelear en Bosnia, pues que lo haga. Pero no va a mandar a sus hijos a Bosnia. Va a mandar a tus hijos, a los hijos de Pedro Pérez y Juana González.

Así que al joven le afecta esa realidad colonial.

Al obrero hay que demostrarle por qué le conviene la independencia como obrero, para que sea dueño de su patria y de su factoría, que sea dueño de lo que produce. No que vaya a parar todo a las arcas de Wall Street. Que se quede para su desarrollo.

Hay que explicar lo que sería la anexión. Si a Puerto Rico lo hicieran estado, nos tratarían exactamente como hacen con nuestras comunidades en Nueva York, en Connecticut, en Chicago, en Los Angeles.

Cuando yo salí de la prisión en 1979, le dije a mi gente desde un principio que vamos a terminar en reservaciones como los indios si no somos un país independiente. Está sucediendo. Yo te puedo llevar a sitios ahora, por aquí en Mayagüez, donde hay unos caseríos en que viven miles de familias puertorriqueñas y que están convertidos en reservaciones. Los tienen con verjas a los alrededores y el acceso está controlado por la policía y la Guardia Nacional. Tienes que identificarte para entrar y salir de tu casa. Y te rebuscan el carro como en una prisión.

Como dijo Don Pedro Albizu Campos[2] hace más de 60

---

2. Pedro Albizu Campos (1891–1965) fue el principal dirigente del Partido Nacionalista y del movimiento independentista en Puerto Rico

años, si no nos hacemos libres, de patrones vamos a convertirnos en peones, de dueños vamos a convertirnos en arrimados. Y ahora mismo los puertorriqueños somos los arrimados en nuestra propia patria. Otros mandan más que nosotros. ¿Quién controla la aduana en Puerto Rico? Norteamericanos. Ellos controlan nuestra vida comercial, el comercio exterior e interior. ¿Quién controla la inmigración? Los norteamericanos. Para salir de Puerto Rico a otro país, tenemos que pedirle permiso al Departamento de Estado norteamericano. Hasta el gobernadorcito colonial este, Rosselló, tiene que pedirles permiso.

Es por las mismas razones que los nacionalistas no creemos en plebiscitos, porque los Estados Unidos controlan las elecciones coloniales. Ellos usan las elecciones para tapar el coloniaje y dar a entender que hay una democracia. Pero ellos controlan todo aquí, incluyendo lo militar. Ocupan militarmente nuestro país. Bajo esas condiciones —cuando tú tienes un cañón en la cabeza, y cuando controlan tu vida sociopolítica y económicamente— no puede haber un voto libre.

Los nacionalistas decimos: primero, que transfieran todos los poderes al pueblo puertorriqueño. Que desmilitaricen nuestro país. Que quiten todas sus bases militares y agencias represivas de Puerto Rico, y entonces nosotros vamos a decidir. Entonces podemos hablar.

Nuestro pueblo tuvo unos meses de libertad cuando la transferencia de poder entre España y Estados Unidos. En 1897 ya nosotros teníamos una carta autonómica, después de muchos años de lucha. Ya teníamos nuestros propios sellos postales, nuestro propio cuño monetario puerto-

---

de los años 30 a los 50. Pasó largos años en prisiones norteamericanas por sus actividades antiimperialistas.

rriqueño, nuestro propio parlamento, nuestra aduana. Controlábamos nuestro comercio exterior, le vendíamos a quien nos conviniera. Eso, al invadir los norteamericanos en 1898, se fue.[3]

La lucha es difícil para un pueblo que ha estado colonizado por tantos años, porque el coloniaje es casi como el alcoholismo o peor. Si es duro desintoxicarse del alcoholismo, más duro es desintoxicarse de una mente colonial, porque tienes que sacar de allí un chorro de patrañas y complejos que te han metido en la cabeza.

La única derrota es cuando tú te resignas, o cuando los crees tan invulnerables que ni los miras, porque crees que vas a morir de sólo mirarlos. Ellos nos meten eso en la cabeza como les hacían a los indios. Los españoles nunca dejaban que los indios vieran sus muertos, porque querían crear el mito de la inmortalidad. El indio veía que no morían y decía, "Vamos a dejarlos quietos. Esa gente no muere". Hasta que metieron a uno de ellos en un río y se ahogó, según la leyenda. Ahí sí empezaron a pelear los indios.[4]

---

3. En 1897, el gobierno colonial español le concedió a Puerto Rico amplios poderes de autonomía. Esta concesión fue producto de la guerra independentista cubana iniciada dos años antes, en la que las fuerzas españolas habían sido derrotadas militarmente por el ejército libertador cubano. El Partido Revolucionario Cubano, que dirigió la lucha en Cuba, tenía una Sección Puerto Rico, y los liberales autonomistas en Puerto Rico amenazaron con aliarse a los boricuas revolucionarios si no se concedía más autonomía. Sin embargo, esta situación se acabó unos meses más tarde cuando Washington declaró la guerra contra su rival español en abril de 1898 para apoderarse de Cuba, Puerto Rico, Filipinas y Guam en beneficio de sus propios intereses imperialistas.

4. Se dice que en 1510 el cacique taíno Uroyoán, de una aldea cerca del río Añasco en el occidente de Puerto Rico, decidió probar la supuesta inmortalidad de los españoles. Al pasar un español por la región, Uroyoán acordó asignarle una escolta para cruzar el río. Cargándolo a él y a su equipaje hasta el punto más hondo del río, los taínos dejaron caer al español en el agua y lo mantuvieron sumergido por un tiempo.

A nosotros nos tienen llenos de mitos. ¿Cómo romper esos mitos? Muchas veces la realidad se encarga de eso.

KOPPEL: ¿Podrías comentar algunas de las experiencias recientes del pueblo puertorriqueño que ayuden a romper esos mitos?

CANCEL MIRANDA: Ahora mismo tú estás viendo cómo un mito se está rompiendo. Se le ha metido al pueblo siempre el mito de que somos un pueblo manso. Excepto cuando los imperialistas nos van a usar en su ejército para sus guerras. Entonces allá somos bravos.

Pero ustedes dos han estado viendo, con la huelga de los telefónicos, que este no es un pueblo manso. Ante la realidad —la amenaza de la sobrevivencia y de la alimentación de sus hijos y del hogar— se han tirado a la lucha. Ustedes han estado viendo el valor de nuestros hombres y mujeres, confrontando las fuerzas policiacas que usa el régimen para sostenerse. Eso va quitando el mito de que este es un pueblo manso.

Cuando crees que aquellos tienen toda la fuerza y que nosotros no tenemos ninguna fuerza, ya estás en el piso antes que te suelten un solo golpe. Pero en esta huelga, el pueblo está reconociendo su propia fuerza, que es lo que temen los poderes coloniales. Cuando un pueblo reconoce su propia fuerza, combate.

El pueblo ha comenzado a ver lo que son las fuerzas represivas. Los medios de comunicación no pueden evitar que el pueblo lo vea, aunque los canales de televisión han tratado de tergiversar. Pero no pudieron editar las roturas de cabeza que la policía les dio a los trabajadores, cómo los cogieron por los pies, arrastrándolos por el piso, y ellos sangrando.

Cuando lo sacaron del agua y constataron que se había ahogado, se regó la noticia y estallaron rebeliones taínas.

Y entonces mucha gente que no se hubiera involucrado se involucró. Porque el ser humano tiene la capacidad de indignarse. Cuando perdemos la capacidad de indignarnos ante algo así, hemos perdido la sensibilidad. Y cuando tú pierdes la sensibilidad, no eres más que un pedazo de carne que camina.

> ## *"Cuando un pueblo reconoce su propia fuerza, combate".*

También se está rompiendo aquel mito de este gobernadorcito colonial. Ahora lo están viendo muchos como lo que realmente es. Aquí se crea el mito de que los que están en el poder son los sabelotodos, son los infalibles. Ya el Papa dejó de llamarse infalible, pero todavía usan el sistema por acá.

Está el mito de que tú no puedes. Pero en Cuba hoy tú ves aquel anuncio que dice bien grande, "¡Sí se puede!" Sí podemos enfrentar al imperialismo. En Cuba lo han hecho.

KOPPEL: Tú señalabas que los acontecimientos en el mundo están muy vinculados a lo que sucede en Puerto Rico. ¿Podrías hablar un poco de esto?

CANCEL MIRANDA: Lo que está pasando en Puerto Rico no está pasando sólo en Puerto Rico. Esto es parte de la globalización, del neoliberalismo.

Cuando yo estuve en Guatemala hace siete u ocho meses, el discurso de los marionetas en Guatemala era el mismo discurso de Rosselló en cuanto a la privatización. Eran las telecomunicaciones que querían privatizar. Decían que era para competir en el mundo. ¡Para competir tienes que entregarlo todo!

En Panamá, es el mismo discurso en cuanto a la privatización del Canal de Panamá. Y en otros países latinoamericanos usan los mismos razonamientos para la entrega de nuestros bienes. Nosotros somos una colonia clásica, pero —con la excepción de Cuba— los demás países son semicolonias, controlados muchas veces por la embajada norteamericana, que es donde se dicta. Los presidentes son como el de Panamá, [Guillermo] Endara, que lo hicieron presidente en una base militar norteamericana cuando la invasión de 1989.

En Venezuela el Fondo Monetario Internacional causó muertes porque quería que el gobierno le subiera los precios de los servicios básicos al pueblo para pagar la deuda externa, y entonces estallaron protestas que fueron reprimidas. Lo mismo ha pasado en Santo Domingo. El FMI está presionando a esos países.

Esto va a crear un mayor desequilibrio social entre los pocos que tienen mucho y los muchos que tienen poco. Y tarde o temprano pasa lo que tú estás viendo en Puerto Rico. Los pueblos tarde o temprano encuentran formas para combatir.

Esto va a crear malestares también con los obreros dentro de los Estados Unidos. Ahí también van a tratar de aplastar al obrero.

Aquí en Puerto Rico, como en las prisiones, somos un laboratorio: los imperialistas norteamericanos prueban aquí lo que más tarde intentan allá. Por ejemplo, cuando acorralan los barrios con la policía y la Guardia Nacional, que según ellos es para combatir el narcotráfico y la delincuencia.

POSES: Una cosa que se puede ver en la huelga de los telefónicos es la participación de muchos estudiantes y otros jóvenes.

CANCEL MIRANDA: Sí, la venta de la Telefónica no sólo afecta al obrero. También afecta al hijo del obrero. En la Universidad de Puerto Rico, les han cortado como 40 millones de dólares de fondos a los estudiantes, y ellos han hecho unas huelgas de protesta. Están pasando dinero del fondo de las escuelas públicas a las escuelas privadas, con la excusa de que es para becas de estudiantes para que puedan estudiar en la escuela de su preferencia. O sea, están dando más fondos a las escuelas privadas y quitándoselos a las escuelas públicas.

Si venden la Telefónica se van más de 200 millones de dólares en ingresos que la Telefónica, como corporación pública, contribuía al sistema educativo puertorriqueño. ¿Y a quién afecta eso, a los hijos de Mister fulano de tal, al señorito de los chavos? No, al hijo de Pedro Pérez y Juana González, que no tienen los medios económicos.

Tú puedes ir con mil teorías, pero nada convence más que una realidad bien cruda que la palpas, que la vives. Y lo que ustedes vieron ahí es un pueblo que está bregando con una realidad de la que ya no se puede zafar. Y el martes [7 de julio] van a ver a miles y miles de puertorriqueños uniéndose al paro general. El estudiante tiene su propio futuro ahí.

Está resurgiendo una juventud, que me recuerda mis años de joven. Yo le he hablado a muchos estudiantes. Aquí vienen a visitarme jóvenes estudiantes con espíritu de lucha.

Yo siempre les digo: Oigan a los viejos, ¡pero no los sigan! Porque el viejo se pone muy conservador.

Y no sólo es aquí. Hace poco me invitaron a Champaign, Illinois, a que diera el discurso de graduación: ¡a uno que tiró tiros allá en Washington a congresistas norteamericanos! Mira lo que están haciendo. Era el grupo de estudiantes indo-afro-latinos.

En menos de dos meses y medio yo estuve en siete u ocho universidades en Estados Unidos. Y tuve una identificación con los jóvenes. No es a mí que reciben así. Es a lo que yo represento que ellos llevan dentro, una reafirmación de lo que ellos son y quieren ser.

POSES: En Estados Unidos y en Puerto Rico hubo una campaña exitosa para lograr tu libertad y la de los otros presos nacionalistas. Hoy hay todavía, en 1998, puertorriqueños en cárceles norteamericanas. ¿Podrías decir algo sobre la campaña para obtener la libertad de ustedes?

CANCEL MIRANDA: La campaña por los 16 prisioneros de ahora está más avanzada que lo que estaba la campaña por nosotros cuando salimos de la prisión.[5]

Pero cuando salimos nosotros, había un balance de poder en el mundo. Había las fuerzas socialistas y los países del llamado tercer mundo, por un lado, y las fuerzas del imperialismo norteamericano, por el otro. El poder norteamericano respetaba militarmente al poder soviético porque tenían armas capaces de destruirse mutuamente.

La campaña nuestra había llegado hasta el comité de descolonización de las Naciones Unidas y hasta los Países No Alineados. Los Estados Unidos estaban en aquella campaña de los derechos humanos, con [el presidente James] Carter y [el embajador ante la ONU Andrew] Young. Y dondequiera la gente decía: "¿Y cómo ustedes pueden hablar de derechos humanos cuando tienen a cinco nacionalistas, que han defendido la independencia de su país, encarcelados por tantos años?" Les éramos como una espina en la garganta.

Entonces no les estaba funcionando lo de los derechos humanos mientras nosotros estuviéramos encarcelados. Eso fue una ventaja para nosotros en la campaña.

---

5. Ver la lista de los presos políticos al final de este folleto.

Ahora, internacionalmente, ya no hay un balance de dos poderes tratando de atraer a los demás gobiernos, sino que los Estados Unidos se consideran un poder unilateral. Entonces ellos no tienen tanto interés en demostrarles a los otros países del mundo que son democráticos, sino más bien que son poderosos.

"Clinton tiene presos políticos en sus propias narices, donde una firma de él puede sacarlos, y no hace nada".

Ahora mismo hubo una gran oportunidad. [El presidente norteamericano William] Clinton estuvo hablando a China de que suelte a los presos políticos en ese país. Y se pasa secándose la garganta hablándole a Cuba de que suelte a los presos políticos que según ellos hay en Cuba. Pero Clinton tiene presos políticos en sus propias narices, donde una firma de él puede sacarlos, y no hace nada.

A nosotros no nos soltaron de la prisión porque de pronto el gobierno norteamericano, como San Pablo, viera la luz. Nos soltaron por la presión internacional que había.

Somos los únicos prisioneros en la historia penal de los Estados Unidos que hemos salido de la prisión imponiéndoles condiciones a los carceleros, no los carceleros a nosotros. De la prisión cualquiera sale. No es salir ni entrar a la prisión lo que cuenta. Es por qué entras y cómo sales.

Ellos estaban dispuestos a soltarnos si nosotros aceptábamos condiciones. Agentes del FBI y de la CIA iban a visitarnos a la cárcel, diciendo que si pedíamos perdón, al otro día nos soltarían. Nos mandaron hasta a este congresista de Nueva York, Robert García, que decía que si firmábamos estos papeles y jurábamos que no íbamos a tirar tiros, luego que no nos envolviéramos en la lucha, nos soltaban.

Pero fue una victoria. Salimos de pie.

Esto fue gracias a la lucha de otra gente, incluyendo al *Militant*, que escribió artículos por nosotros.

Hoy han llevado la campaña por los presos políticos puertorriqueños a los tribunales internacionales, a las Naciones Unidas, a ganadores del premio Nobel que han firmado. Más de 200 mil firmas del pueblo puertorriqueño, tanto del pueblo aquí como de allá, han pedido la libertad de ellos.

Dicen que a criminales los tribunales les dan tres o cuatro años, y si son del Ku Klux Klan, quizás incluso menos de un año. ¿Por qué han pasado 18 años y todavía están presos los independentistas, gente que no había tenido ni una infracción de tránsito en su vida? No tenían ningún caso de cortes, ninguno de ellos. No son criminales. Son revolucionarios confrontando el sistema de ellos. Por eso *ellos* [los imperialistas] nos consideran sus enemigos.

KOPPEL: El gobierno revolucionario de Cuba ha hecho campaña a favor de la lucha por la independencia de Puerto Rico y a favor de los presos políticos puertorriqueños. ¿Cuál es tu opinión sobre lo que representa la revolución cubana?

CANCEL MIRANDA: La esperanza de todos nosotros. Mientras Cuba esté, hay una esperanza de que por esas puertas podamos entrar. Si Cuba cae, la lucha para nosotros va a tomar muchos más años. No me refiero sólo a Puerto Rico, sino a todos nuestros pueblos.

Hasta ahora, Cuba es el único país que los intereses financieros y militares norteamericanos no controlan.

Cuba es también un arma sicológica para nuestros pueblos, porque nos meten esos complejos de que sin los yanquis supuestamente no podemos sobrevivir. Que no alumbraría más el sol. Que se cae la luna. Y Cuba ha sobrevivido. No sólo sin los yanquis. Pese a los yanquis y a todas las confrontaciones y al bloqueo norteamericano. Si no hubiera habido el bloqueo, Cuba no tendría que pasar por estas crisis. Pero ha pasado la crisis y ha sobrevivido.

Para mí Cuba va más allá que una cuestión de sobrevivencia económica. Le da un sentido de dignidad a la vida. Antes, cuando se veía a un latino en las películas norteamericanas, o éramos el *sidekick* [subordinado] de alguien, o éramos el *Latin Lover* [amante latino] para entretenerlos. Nos ridiculizaban. Pero desde Fidel [Castro], aprendieron a respetarnos. Porque Fidel y los revolucionarios cubanos no son el *sidekick* de nadie. A mí Fidel me da orgullo, como me dio orgullo Sandino.[6]

Hoy en Cuba no se vive de las apariencias como aquí. Aquí en este sistema tú vales por lo que llevas en el bolsillo, aunque seas un mafioso. Tu persona no vale nada. Vales si tu carro es de lujo, un Volvo, un Mercedes-Benz, lo que sea. Vales por el carro que llevas, no porque lo vas guiando. Pero hasta un mono puede guiar un Volvo, y no deja de ser mono.

En Cuba me siento en mi casa. No abandono la mía, porque yo no abandono a mi madre enferma. Pero ahí yo puedo llamar a la gente compañero, no tengo que llamar a nadie Honorable ni Excelencia ni nada.

En el sistema que hay en Cuba, tú vales por lo que tú

---

6. Augusto César Sandino dirigió un ejército de trabajadores y campesinos en contra de la ocupación militar norteamericana de Nicaragua entre 1927 y 1933.

eres. Y cuando hablo del sistema en Cuba, hablo del sistema socialista. Tú vales por cuánto tú compartes con el otro. En este sistema vales por lo que tú tienes y nos ponen en guerra los unos con los otros.

> ***"Para mí, Cuba dignifica, humaniza. Este sistema deshumaniza. 'Dog eat dog': ésa es la filosofía. 'Perro come perro'".***

Para mí, Cuba dignifica, humaniza. Este sistema deshumaniza. *Dog eat dog:* ésa es la filosofía. "Perro come perro". Y te van adiestrando para quitarte los valores humanos, te van poniendo valores mercantiles para que les sirvas mejor como herramienta y tienes que aceptar degradaciones, humillaciones, porque te han quitado los valores. Sólo la persona que tiene valores es capaz de sentir indignación y rabia.

Yo siempre fui nacionalista defensor de mi patria. Pero yo he sido nacionalista porque soy socialista. Y soy socialista porque soy nacionalista. Creo en el socialismo para mi país porque quiero lo mejor para mi país, y para el mundo.

Don Pedro decía que primero hay que tener la llave de la casa, para entonces decidir de qué color pintarla. Dijo que primero tenemos que ser libres y luchar por la independencia; entonces seremos dueños de nuestra patria. Entonces podremos decidir qué sistema tener.

Pero mientras no seamos un país libre, son los Estados Unidos, los intereses financieros de Wall Street, los intereses militares del Pentágono —que son uno y el mismo— los que van a decidir qué clase de vida vamos a vivir nosotros.

Cuba pudo ser socialista porque ya era soberana. Pudo dictar, dentro de su soberanía, las formas de vida que viviría. Yo creo en el socialismo tanto como creo en la independencia de mi patria. No quisiera un país libre —con tanto que nos hayamos sacrificado a través de nuestra historia de lucha— para que dos o tres parásitos se adueñaran de la vida de nuestro pueblo, se enriquecieran a base de nuestro pueblo. Esa clase de independencia no la quiero.

Ahora, mientras estaba la Unión Soviética, para muchos el ser socialista era casi como tener un cachet. Como que estaba de moda. Porque la Unión Soviética era un poder. Y luego resultó que había muchos socialistas porque había un poder socialista, no porque creyeran en el socialismo de verdad.

Muchos que antes te podían decir hasta cuántos pelos tenían en la barba Marx y Engels y Lenin, hoy no te mencionan el socialismo para nada. Hoy, algunos se han tirado a lo que antes criticaban, el nacionalismo, que es la única puerta que les queda para continuar la lucha. Ellos antes no usaban el retrato de Don Pedro Albizu Campos, que representaba la afirmación puertorriqueña. Usaban —y no lo critico— el retrato de Lenin y los demás. Pero ahora tú no ves retratos de Lenin ni de Marx ni de Engels en ningún lado.

Pero si tú crees en el socialismo, lo crees aunque tú estés solo. Tú no crees porque haya 20 mil países socialistas o haya un país socialista. Ahora que muchos que antes se profesaban socialistas —porque estaban los poderes, y podían viajar a la Unión Soviética— ya no lo están profesando, pues ahora es que yo me digo socialista. Ahora no me pueden decir, "Aquel dice esto porque está el poder soviético". No.

No lo estoy diciendo porque hubiera poderes que fueran socialistas. Lo digo porque creo en el socialismo, punto.

Salimos de la cárcel de pie, no arrodillados

POR MARTÍN KOPPEL

CON ROLLANDE GIRARD Y JACOB PERASSO

Rafael Cancel Miranda, un dirigente de la lucha por la independencia de Puerto Rico, es uno de los cinco nacionalistas que a principios de los años cincuenta realizaron protestas armadas en Washington contra la política colonial norteamericana. Cancel Miranda, junto a Lolita Lebrón, Andrés Figueroa Cordero e Irving Flores, llevaron a cabo una manifestación armada en la Cámara de Representantes de Estados Unidos en 1954. Oscar Collazo participó en 1950 en un asalto a la Casa Blair, residencia temporal del presidente Harry Truman.

Los cinco nacionalistas pasaron un cuarto de siglo en prisiones norteamericanas por sus acciones independentistas. Ante una creciente campaña internacional a favor de estos presos, el gobierno estadounidense finalmente excarceló a Figueroa Cordero en 1978 y a los otros cuatro en 1979.

En una entrevista concedida a los reporteros de *Perspectiva Mundial* Rollande Girard y Jacob Perasso el 27 de abril de 1998 en Cabo Rojo, Puerto Rico, y en conversaciones posteriores con este reportero, Cancel Miranda narró un poco del trasfondo de estos dramáticos sucesos y las experiencias políticas que él vivió durante sus años de cárcel.

Cancel Miranda se involucró de joven en el movimiento independentista puertorriqueño a principios de los años cuarenta en la ciudad occidental de Mayagüez. "Mi papá era presidente de la Junta Nacionalista en Mayagüez", dijo. "Yo me crié con nacionalistas. Me crié oyendo el nombre de Pedro Albizu Campos. El y mi papá eran compañeros de lucha y amigos, y cuando venía a hablar en Mayagüez se quedaba en mi hogar". Albizu Campos fue el principal líder del Partido Nacionalista y del movimiento independentista puertorriqueño durante varias décadas.

El 21 de marzo de 1937, el padre y la madre de Cancel Miranda asistieron a una concentración del Partido Nacionalista en la ciudad de Ponce que fue agredida por la policía bajo órdenes del general Blanton Winship, el gobernador colonial. La policía disparó contra la marcha pacífica, dejando un saldo de 21 muertos y 200 heridos. "Blanton Winship, un norteamericano puesto como gobernador de Puerto Rico por Franklin Delano Roosevelt, fue elogiado por 'defender la democracia' asesinando a nuestro pueblo", dijo Cancel Miranda, quien en ese momento tenía seis años de edad.

"Mis padres sobrevivieron la masacre. Mi mamá fue vestida de blanco y vino vestida de rojo, pues se tuvo que arrastrar por encima de los cadáveres mientras las balas le iban por encima, y se trajo la sangre de los muertos". El jamás olvidaría esa imagen.

Un par de días más tarde, él se negó a jurar a la bandera de Estados Unidos en su clase de primer grado, y lo echaron de la escuela por el resto del día.

De joven, Cancel Miranda se fue enterando más y más de la verdad acerca de la masacre de Ponce y otras realidades brutales del coloniaje norteamericano en Puerto Rico. "Con el transcurrir de los años empecé a buscar por mí mismo cuál era el problema y cuáles eran las ideas que defendían mi papá y mis amigos los nacionalistas, que eran personas serias y nobles. Yo quería ser igual que ellos.

"Estando en la escuela, aprendí que los yanquis nos habían bombardeado en San Juan y habían matado a puertorriqueños desde barcos norteamericanos el 12 de mayo de 1898, y que nos habían invadido el 25 de julio de ese año. Yo aprendí esto y otros hechos, y llegué a la conclusión de que mis padres y los nacionalistas tenían razón. Me convertí por mi propio pensamiento en nacionalista y defensor de la independencia de Puerto Rico.

"De adolescente, yo con otros muchachos organizábamos comités de jóvenes nacionalistas en distintos pueblos. Teníamos un programa de radio y un pequeño periódico".

Cancel Miranda recuerda su encuentro con Albizu Campos en diciembre de 1947, cuando el líder del Partido Nacionalista regresó de Estados Unidos después de cumplir una condena de diez años —primero en la penitenciaría norteamericana de Atlanta, luego en Nueva York— bajo cargos de conspiración para derrocar al gobierno de Estados Unidos e "incitar a la rebelión" contra el mismo. "Yo fui como Cadete de la República a su recibimiento. Los Cadetes eran la parte militar del Partido Nacionalista. Llevábamos las camisas negras y los pantalones blancos".

Encarcelado por rehusar conscripción

Tras la Segunda Guerra Mundial, la extensa resistencia a los intentos de Washington de imponer el inglés como idioma principal de enseñanza en las escuelas puertorriqueñas obligó al gobierno estadounidense a abandonar dicho esfuerzo. Cancel Miranda relata que "en la escuela superior, cuando quisieron que habláramos todos inglés en la escuela, hicimos una huelga estudiantil en defensa de nuestro idioma, y me acusaron a mí junto con otros jóvenes de haberla organizado. Me botaron de la escuela por un año y no me permitieron estudiar en mi pueblo. Tuve que irme a San Juan a terminar la escuela superior, aunque me faltaban como dos meses para terminar".

Washington también estaba teniendo dificultades en convencer a la juventud puertorriqueña a que se incorporara al ejército del amo colonial que ocupaba su patria. Durante la Segunda Guerra Mundial, decenas de jóvenes boricuas habían sido encarcelados por negarse a cumplir el servicio militar norteamericano. Durante la guerra de Corea de 1950–53, unos cien mil jóvenes en la isla rehusaron la conscripción. En 1948 Cancel Miranda, de 18 años de edad, fue uno de los que dijeron no al servicio militar obligatorio yanqui.

"Un día", relata, "iba caminando a la escuela en San Juan con otros estudiantes, y en una esquina había un carro parado con cuatro individuos. Les vi la cara y yo sabía que no eran puertorriqueños. Eran cuatro agentes del FBI. Les di mis libros a los otros estudiantes para que los llevaran adonde me estaba hospedando, porque me parecía que yo no iba a regresar. Ellos me arrestaron y me acusaron de rehusar el servicio militar obligatorio norteamericano. Luego arrestaron a seis u ocho jóvenes más.

"Para mí no tenía sentido ser parte del mismo ejército que invade tu país y que masacra a tu gente. Si vas a pelear, que pelees contra *ellos*.

"La corte norteamericana aquí en Puerto Rico —la llaman federal pero es una corte extranjera— me sentenció a dos años y un día de cárcel. Me montaron en un avión con otros cinco o seis de nosotros, y nos mandaron a la prisión norteamericana de Tallahassee, Florida".

Allí Cancel Miranda no tardó en toparse con problemas con los carceleros por no aceptar la segregación racista en el penal. Bajo las leyes racistas *Jim Crow* de aquella época, los dormitorios de la cárcel estaban segregados.

> **"Para mí no tenía sentido ser parte del mismo ejército que invade tu país y que masacra a tu gente".**

"Por la razón que fuera, a mí me ponían a vivir en el dormitorio de los blancos", apuntó. "En el comedor los negros y los blancos tenían que comer en secciones diferentes, pero yo comía cuando me daba la gana con los presos negros. Había puertorriqueños que, porque eran un poquito más trigueños que yo, los ponían en el dormitorio de los negros. Un guardia de la prisión, un tal Haynes, usó un término racista contra uno de nosotros que era más trigueño. Yo me dije mentalmente, 'Cuando me lo hagas a mí, te voy a hacer algo'.

"Un día, cuando me hizo algo a mí, le di un golpe al guardia racista. Entonces perdí los cinco meses de tiempo de buena conducta que me había ganado. Me pusieron en el 'hoyo', el calabozo, y tuve que cumplir toda la sentencia de dos años y un día".

Cancel Miranda estaba preso en Tallahassee cuando Washington lanzó su guerra de agresión contra Corea en 1950. Ese mismo año el Partido Nacionalista dirigió una rebelión armada en Puerto Rico, que fue aplastada brutalmente por las fuerzas del régimen colonial. Detuvieron a miles de personas, entre ellas al padre de Cancel Miranda.

"Cuando regresé de la cárcel en 1951 me casé", continúa diciendo. "Pero a los once días me querían meter preso otra vez por rehusar el servicio militar obligatorio. Mi esposa Carmen y mi hermana Zoraida me dicen: ¡no te dejes caer preso!

"Entonces me fui para Cuba con otro nombre y allí viví unos catorce meses. En La Habana conseguí trabajo en la construcción del túnel que cruza el río Almendares en La Habana. Luego el dictador Fulgencio Batista, que era un títere norteamericano, me metió preso y me deportó a Puerto Rico". Batista había llegado al poder mediante un golpe militar en marzo de 1952.

Al poco tiempo Cancel Miranda se mudó a Brooklyn, donde ya estaba su esposa. Ahí se involucró en un esfuerzo para combatir los intentos de Washington de impedir que la situación colonial de Puerto Rico fuese debatida en Naciones Unidas.

"Desde el fin de la Segunda Guerra Mundial, el gobierno norteamericano tenía que reportar acerca de Puerto Rico a las Naciones Unidas", explica. "Había un comité de la ONU sobre los territorios no independientes. Puerto Rico estaba en esa lista como colonia. El gobierno norteamericano quería sacar a Puerto Rico de la lista para no tener que reportar y enseñar sus llagas al mundo. En 1953 ellos llevaron el caso a las Naciones Unidas alegando que en 1952 ya nosotros soberanamente, libremente, habíamos votado por ser 'Estado Libre Asociado'. Que estábamos contentos y satisfechos.

"Yo me involucré en el cabildeo en las Naciones Unidas. Un par de veces mi esposa fue conmigo a hablar con el embajador de la India, que era amigo de la independencia de Puerto Rico y que peleó por nuestra posición en las

Naciones Unidas. Pero los yanquis tuvieron una victoria en la ONU y sacaron a Puerto Rico de la lista de países que no eran soberanos. Nos estaban presentando ante el mundo como esclavos por consentimiento". Washington hasta orquestó la expulsión del observador oficial que el Partido Nacionalista había tenido en la ONU desde 1945.

Protesta armada en el Congreso

En respuesta, dijo Cancel Miranda, él y otros tres nacionalistas residentes en Nueva York "decidimos hacer una demostración que llamara la atención del mundo hacia la verdad puertorriqueña, que le dijera al mundo que habíamos puertorriqueños dispuestos a morir por nuestra independencia y que estaban engañando a las Naciones Unidas y al mundo —incluyendo a mi pueblo— con el llamado Estado Libre Asociado".

Los otros tres eran Andrés Figueroa Cordero, Irving Flores y Lolita Lebrón. En esa época Cancel Miranda, de veintitrés años, era operador de prensa en una fábrica de zapatos en Nueva York. Figueroa Cordero trabajaba en una carnicería, Flores en una fábrica de muebles, y Lebrón era costurera en un taller.

Los gobernantes norteamericanos, anotó Cancel Miranda, "tenían la fuerza de los chavos [el dinero] y de las armas, pero nosotros teníamos la fuerza moral. Fuimos a Washington para hacer una demostración armada. Sabíamos que si íbamos con cartelones no íbamos a llamar la atención. Allá disparamos al Capitolio norteamericano el 1 de marzo de 1954". Los balazos, disparados desde la galería de espectadores, dejaron heridos a cinco congresistas.

"Nos hicieron un juicio en Washington. Nos dieron condenas de 75 años a los tres varones y 50 años a Lolita.

Después nos llevaron a Nueva York, donde nos hicieron un juicio por 'conspiración para derrocar al gobierno por la fuerza y la violencia', y nos dieron sentencias de seis años más. ¿Se imaginan que nosotros pudiéramos pensar en derrocar al gobierno norteamericano con estas pistolitas? ¡Ojalá pudiera!"

"Los gobernantes norteamericanos tenían la fuerza de los chavos y de las armas; nosotros, la fuerza moral".

Los cuatro nacionalistas fueron trasladados a distintas cárceles. A Figueroa Cordero lo mandaron a la penitenciaría federal de Atlanta; a Lebrón a la prisión de mujeres en Alderson, Virginia del Oeste; y a Flores a Leavenworth, Kansas, donde ya se encontraba Oscar Collazo, veterano del asalto de 1950 a la Casa Blair. A Cancel Miranda lo pusieron en el penal de Alcatraz, el islote en la Bahía de San Francisco.

"Tengo el honor de ser el único nacionalista que ha estado en Alcatraz, la peor cárcel que tenían", puntualiza. "Ellos pensaban que me estaban humillando, pero en realidad era un honor. Era como darme una gran medalla. Si dijeran, 'Eres un chico bueno', sería que no estaba luchando por mi gente.

"Estuve seis años en Alcatraz. Allá no me permitieron ver a mis niños durante los seis años. Un par de veces mi esposa y yo pudimos hablar, por teléfono, a través de un vidrio en la sala de visitas. Y había que hablar en inglés.

"Después me llevaron a Leavenworth, donde estuve diez

años. Andrés, Irving, Oscar y yo estuvimos en Leavenworth juntos por unos cuantos años.

"En 1970 hicimos una huelga en Leavenworth, porque los guardias habían abusado contra algunos de nosotros. No trabajamos. Me acusaron de haber organizado la huelga y me pusieron en el 'hoyo' por cinco meses".

Ese mismo año Cancel Miranda fue trasladado a la cárcel federal de Marion, Illinois, donde estuvo preso hasta su excarcelación en 1979. "En Marion también hubo una gran huelga", relató, "porque los guardias habían aporreado a un preso mexicano. Me pusieron en el calabozo por dieciocho meses. Esta vez me pusieron en el *behavior modification program* [programa para modificar la conducta] del *Control Unit* [Unidad de Control]. Nos dieron todo tipo de drogas. Cuando eso no daba resultados, usaban la macana".

El maltrato al que sometían rutinariamente a los nacionalistas llegó a divulgarse más y más al público, y alimentó la campaña por su excarcelación. Cuando el padre de Cancel Miranda falleció en 1977, sus partidarios hicieron campaña para que las autoridades le permitieran asistir al entierro. "Estuve en Puerto Rico siete horas para el entierro de mi papá", explicó. "Pero mi gente saltó de la rabia cuando supo que en el aeropuerto de St. Louis, en camino a Puerto Rico, me habían puesto en una jaula de perros. Mientras esperaban el próximo avión, sacaron el perro y me pusieron en la jaula. Yo lo había mencionado casualmente a la gente, porque había estado preso por muchos años y para mí ya era una cosa normal, pero ellos no se lo podían imaginar".

Por muchos años, resalta Cancel Miranda, "yo siempre estaba haciendo planes de escape en la mente, porque no me había resignado a que iba a morir de viejo en la cárcel. Cuando empezó la campaña por nuestra excarcelación, entonces ya dejé de pensar en el escape, porque la campaña se convirtió en trabajo político para nosotros".

Actividad política entre rejas

La amplia y creciente campaña mundial por la excarcelación de los nacionalistas puertorriqueños fue producto, y parte, de la profunda radicalización política en Estados Unidos en las décadas de 1960 y 1970. Fue estimulada por la victoriosa lucha de masas de los afronorteamericanos que derrocó al sistema *Jim Crow* de segregación racial, por la audacia antiimperialista de la revolución cubana, por la creciente oposición a los intentos de los gobernantes norteamericanos de aplastar la lucha vietnamita de liberación nacional, y por el resurgimiento del movimiento independentista puertorriqueño. En Puerto Rico la resistencia a la conscripción se hizo tan masiva, pese al arresto inicial de decenas de jóvenes, que el gobierno norteamericano finalmente decidió abandonar la mayoría de los juicios contra los que desafiaban el servicio militar obligatorio en la isla.

Esta efervescencia social y política se expresó también entre las rejas de las cárceles. A fines de los años sesenta había un número creciente de presos que realizaban actividades políticas, y Cancel Miranda se sumó a ellos.

La revolución cubana le impactó profundamente. "A medida que me fui enterando más y más acerca de Cuba", señala, "me di cuenta que no se trataba de un simple golpe militar, como tantos otros en América Latina, sino que era una verdadera transformación social. Esto lo internalicé a tal punto que la revolución cubana se ha vuelto tan importante para mí como la lucha por la libertad de mi pueblo".

Cuando surgió la lucha de los chicanos en Estados Unidos, "yo me involucré en ella en la cárcel. Estuve envuelto en la defensa de Corky Gonzales y de la Cruzada por la Justicia", dijo. Gonzales y la Cruzada por la Justicia en

Denver, la organización pro derechos de los chicanos que él encabezaba, fueron víctimas de un caso fabricado por el gobierno a principios de los años setenta.

Todos los 16 de septiembre, Cancel Miranda se sumaba a los presos mexicanos y chicanos parando labores para celebrar el día de la independencia mexicana. "También estuve involucrado en la lucha de los afronorteamericanos. Hicimos muchas otras cosas, hasta periódicos como *Aztlán*, el periódico de los presos chicanos. También escribí un par de artículos para el *Militant*".

"Nunca estuve preso realmente.
Nunca me sentí derrotado.
Yo luchaba aún dentro de la
cárcel y siempre tenía
la esperanza de salir".

"O sea, nunca estuve preso realmente. Nunca me sentí derrotado. Yo luchaba aún dentro de la cárcel y siempre tenía la esperanza de salir, si no de una manera, entonces de otra. Cuando te resignas a que tú no vas a salir más, ahí es que te conviertes en un convicto. Porque la cárcel es tu mundo. Pero nunca ninguno de nosotros se resignó".

En los primeros años no había una campaña por la libertad de los presos políticos nacionalistas. "Por unos 15 años o más, estuvimos enterrados en el olvido, en el silencio", comenta Cancel Miranda. "Las circunstancias eran diferentes. A veces quizás oías una vocecita por ahí preguntarse, '¿Qué habrá pasado con esos cuatro jóvenes nacionalistas?' Luego es que empieza la campaña por nuestra excarcelación. Empieza en Chicago, a través de dos jóvenes abogados norteamericanos, Michael Deutsch y Mara Siegel del People's Law Office", un bufete de abogados.

Campaña internacional de defensa

"Yo estuve encerrado en el *Control Unit* después de la gran huelga de Marion. Eso fue en 1972. Había un afro-norteamericano, Ed Johnson, o Akinsiyu, según prefería llamarse, que conocía al People's Law Office. El era del grupo Republic of New Africa [República de Nueva Africa], y estaba preso por sus ideas políticas. Akinsiyu le escribió al joven abogado, Michael Deutsch, y le pidió que nos visitara, explicando que éramos unos cien presos los que estábamos en la Unidad de Control. Le dijo que había un puertorriqueño encerrado junto a él que también le podría decir la verdad sobre lo que estaba pasando.

"La comunidad puertorriqueña en Chicago fue la que comenzó la campaña. Después creció. Pasó a Nueva York, después a Puerto Rico. En los Estados Unidos, participaron norteamericanos de todos los matices en la campaña".

La campaña también se extendió a otros países, especialmente en América Latina. El gobierno revolucionario de Cuba fue uno de los defensores más acérrimos de los cinco presos nacionalistas.

"Había comités que trabajaban por la excarcelación de nosotros en Venezuela y otros países. Hasta el Comité de Descolonización de las Naciones Unidas aprobó una resolución pidiendo nuestra excarcelación", subraya.

"Gracias a miles de personas en todas partes que nos apoyaron, logramos una victoria en 1979. No salimos de la cárcel arrodillados; salimos de pie".

Ante la presión internacional, el presidente James Carter excarceló a Figueroa Cordero en 1978, cuando éste estaba muriendo de cáncer. Los otros cuatro fueron puestos en libertad en septiembre del año siguiente.

Algunas voces entre los círculos capitalistas estadounidenses protestaron inmediatamente contra la excarcelación de los cuatro nacionalistas, a quienes tildaron de terroristas. "Dos días después de nuestra excarcelación", recuerda Cancel Miranda, "un periódico de Chicago preguntaba cómo podía ser que cuando regresamos a Puerto Rico, miles de personas nos estaban esperando con banderas puertorriqueñas. Y unos días antes, en Chicago y en Nueva York, miles de personas de la comunidad puertorriqueña nos habían recibido.

"Ellos no podían entender cómo esta gente, los que habían tiroteado a 'nuestros' congresistas, podían ser recibidos como héroes por nuestro pueblo.

"Pero tampoco pudieron entender al pueblo vietnamita, cómo el pueblo vietnamita pudo luchar por su patria y vencerlos".

Presos políticos puertorriqueños en prisiones norteamericanas en 1998

A nivel internacional se realiza una campaña por la excarcelación de los quince presos políticos puertorriqueños cuyos nombres aparecen a continuación. Al lado de los nombres se indica las condenas que recibieron y las cárceles en que actualmente están recluidos (las siglas FCI y USP indican prisiones federales norteamericanas: Federal Correctional Institution y U.S. Penitentiary). *Trece de los independentistas fueron arrestados entre 1980 y 1983, y dos en 1985. Además, la prisionera independentista Haydée Beltrán realiza su esfuerzo por obtener la libertad condicional aparte de la campaña por los otros quince.*

Antonio Camacho – 15 años; Federal Detention Center, Miami

Edwin Cortés – 35 años; USP Lewisburg, Pennsylvania

Elizam Escobar – 68 años; FCI El Reno, Oklahoma

Ricardo Jiménez – 98 años; USP Terre Haute, Indiana

Oscar López Rivera – 70 años; USP Terre Haute, Indiana

Adolfo Matos – 78 años; USP Lompoc, California

Dylcia Pagán – 63 años; FCI Dublin, California

Alberto Rodríguez – 35 años; USP Beaumont, Texas

Alicia Rodríguez – 85 años; FCI Dublin, California

Ida Luz Rodríguez – 83 años; FCI Dublin, California

Luis Rosa – 105 años; USP Leavenworth, Kansas

Juan Segarra Palmer – 55 años; FCI Coleman, Florida

Alejandrina Torres – 35 años; FCI Danbury, Connecticut

Carlos Alberto Torres – 78 años; FCI Oxford, Wisconsin

Carmen Valentín – 98 años; FCI Dublin, California

JACK BARNES

Malcolm X
la liberación de los negros
y el camino
al poder obrero

Malcolm X, la liberación de los negros y el camino al poder obrero

JACK BARNES

Los fundamentos del ascenso explosivo de la lucha por la liberación de los negros en Estados Unidos, empezando a mediados de los años 50, se sentaron con la migración masiva de los negros de las zonas rurales del Sur a las ciudades y fábricas de todo el continente, atraídos por la necesidad insaciable del capital de disponer de fuerza de trabajo… y de carne de cañón para sus guerras.

Malcolm X surgió de esta lucha ascendente como su dirigente más destacado. Él insistió en que ese movimiento colosal era parte de una batalla revolucionaria mundial por los derechos humanos. Un choque "entre los que quieren libertad, justicia e igualdad, y los que quieren continuar los sistemas de explotación".

Este libro, al sacar lecciones de un siglo y medio de luchas, nos ayuda a comprender por qué la conquista revolucionaria del poder por la clase trabajadora es lo que hará posible la batalla final por la libertad de los negros, y lo que abrirá paso a un mundo basado, no en la explotación, la violencia y el racismo sino en la solidaridad humana. Un mundo socialista. US$20. También en inglés y francés.

El rostro cambiante de la política en Estados Unidos
La política obrera y los sindicatos

JACK BARNES

De la construcción del tipo de partido que el pueblo trabajador necesita para las batallas de clases que vienen: a través de las cuales se va a organizar y va a fortalecer los sindicatos, a medida que se revolucione a sí mismo y a toda la sociedad. Es una guía para aquellos a quienes repugnan las iniquidades sociales, el racismo, la opresión de la mujer, la violencia policiaca y las guerras inherentes al capitalismo, para quienes buscan la vía hacia acción eficaz para derrocar ese sistema de explotación y unirse para reconstruir el mundo sobre bases nuevas y socialistas. US$24. También en inglés, francés y sueco.

Soldado de la Revolución Cubana
De los cañaverales de Oriente a general
de las Fuerzas Armadas Revolucionarias
LUIS ALFONSO ZAYAS

El autor narra sus experiencias durante cinco décadas de la revolución. Desde sus años de combatiente adolescente en la lucha clandestina y la guerra en 1956–58 que tumbó a la dictadura apoyada por Washington, hasta las tres misiones en que fue un dirigente de las fuerzas voluntarias cubanas que ayudaron a Angola a derrotar una invasión del ejército de la Sudáfrica supremacista blanca, Zayas relata cómo hombres y mujeres comunes y corrientes en Cuba transformaron el curso de la historia y así se transformaron ellos mismos. US$18. También en inglés.

El desorden mundial del capitalismo
Política obrera al milenio
JACK BARNES

La devastación social y pánicos financieros, la creciente aspereza de la política, la brutalidad policiaca y los actos de agresión imperialista que se aceleran a nuestro alrededor: todos ellos son producto no de algo que ha funcionado mal con el capitalismo, sino de sus fuerzas reglamentadas. Sin embargo, el futuro se puede cambiar con la lucha unida y la acción desinteresada de trabajadores y agricultores que estén conscientes de su capacidad. US$25. También en inglés y francés.

La clase trabajadora y la transformación de la educación
El fraude de la reforma educativa
bajo el capitalismo
JACK BARNES

"Hasta que la sociedad se reorganice para que la educación sea una actividad humana desde que aún somos muy jóvenes hasta el momento en que morimos, no habrá una educación digna de la humanidad creadora y trabajadora". US$3. También en inglés, francés, islandés, sueco, persa y griego.

Nuestra política empieza con el mundo

POR JACK BARNES

La custodia de la naturaleza también recae en la clase trabajadora

EN DEFENSA DE LA TIERRA Y DEL TRABAJO

DECLARACIÓN DEL PARTIDO SOCIALISTA DE LOS TRABAJADORES

En la mayor parte de África subsahariana, menos del 5 por ciento de la población rural tiene acceso a la electricidad. Pero la energía eléctrica es un requisito no solo para eliminar el analfabetismo sino para desarrollar la industria moderna y la vida cultural.

Electrificación significa "la posibilidad de estudiar y trabajar cómodamente después de anochecer", dice Jack Barnes en el número 7 de *Nueva Internacional*. Significa que los niños pueden "hacer sus tareas escolares o leer unos a otros". Significa no verse obligado "a suspender una reunión porque estaba oscureciendo" o poder "bombear agua a una aldea tras otra, ahorrándole a cada familia incontables horas de trabajo matador, especialmente a las mujeres y las jóvenes". Para cerrar el abismo existente entre las condiciones de vida del pueblo trabajador en los países semicoloniales y los imperialistas es indispensable un programa y una estrategia que promueva la meta: "¡Trabajadores del mundo, uníos!"

Como explica un artículo complementario en el número 8 de *Nueva Internacional* —"La custodia de la naturaleza también recae en la clase trabajadora"— la lucha de los trabajadores y sus aliados para arrebatarles poder político a las clases explotadoras es también esencial para "la defensa eficaz del trabajo y del suelo, las aguas y la atmósfera del planeta".

Estas son algunas de las razones vitales, dice Barnes, por las cuales "la política proletaria, nuestra política, empieza con el mundo".

Nueva Internacional, no. 7. US$14. También en inglés, francés y s
Nueva Internacional, no. 8. US$14. También en inglés, francés y s

www.pathfinderpress.co

3 1143 00933 3007